Tricky Greek

Puzzles

Julian Morgan

Edition 1.0.0

All photographs used in this book were taken
by the author, with the sanction
of the institutions involved.

Any errors and omissions in this book are
the fault of the author. They will be rectified
as soon as he becomes aware of them.

DEDICATION

For Hugh Cooke
colleague, mentor and friend

ACKNOWLEDGEMENTS

My special thanks go to the ever-reliable Irini Sevastaki,
who helped in checking the manuscript of this book.

CONTENTS

Introduction

Tricky Greek Puzzles comes hard on the heels of its gentler sibling **Easy Greek Puzzles**. It is part of a new project from J-PROGS to equip the student and the teacher of classical languages with challenges which may deviate somewhat from the normal fare.

This new material makes things difficult but not, I hope, impossible. The book is suitable for those who have studied ancient Greek for at least two or three years and draws on a set of vocabulary which should prove accessible to most competent scholars. Accents are generally not used in the clues and the answer grids make use of upper case letters rather than lower case ones, just as in the earlier book.

Good luck with the puzzles and please email me if you see ways by which I can improve this book or if you have have ideas about other new projects.

julian@j-progs.com

I   Greek to English crossword

The clues are in Greek but your answers should be in English.

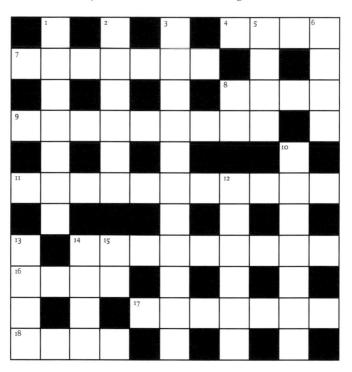

Across

4. τουτο (4)
7. ἠκουσαμεν (2,5)
8. εἰς (4)
9. ἠσθιεν (3,6)
11. παντες οἱ κακιστοι (3,3,5)
14. ἐπειτα ἀπηντησαμεν (4,2,3)
16. ἐνταυθα (4)
17. λεγε πολλα (3,4)
18. ὀφθεν (4)

Down

1. καλει (2,5)
2. ἐπεμψαμεν (2,4)
3. ἀρ᾽ ἐγγυς εἰσιν; (3,4,4)
5. κρεμαστον (4)
6. παυε (4)
8. ἐν (2)
10. ἐστιν εἰρηνη (2,5)
12. ὑπερ ἐμου (4,2)
13. οὑτω (4)
14. ἀληθης (4)
15. αὐτος (2)

2 English to Greek crossword

The clues are in English but your answers should be in Greek.

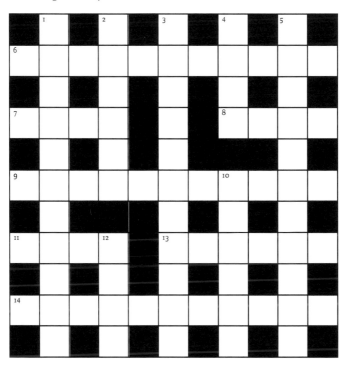

Across

6. But you told (4,7)
7. O horse (4)
8. I could be (4)
9. A man provided (11)
11. Way (Acc.) (4)
13. Of a sailor (6)
14. They call good things (4,7)

Down

1. Look at men (5,6)
2. Give! (6)
3. They are taken away (11)
4. Throw it now (4)
5. They accuse (11)
10. I met (6)
12. New women (Acc.) (4)

3

3 Greek to Greek crossword

The clues are in Greek and your answers should also be in Greek.

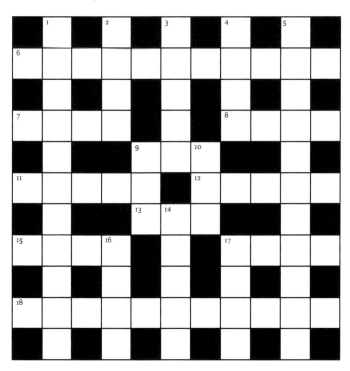

Across

6. ὅς πείθεται (11)
7. εἴδω (4)
8. τοτε (4)
9. βλεπε (3)
11. δοσεως (5)
12. πρεσβυτατα (5)
13. πρωτος τε και δευτερος (3)
15. ἀφ οὑ (4)
17. αὐτο (4)
18. παυεις πολιτας (7,4)

Down

1. της τε ῾Ρεας και της Γαιας (7,4)
2. φημι (4)
3. ὁπως (5)
4. περιλειπου (4)
5. τοδε λεχθεν (5,2,4)
9. ἀλλ᾽ οὐ (Abbrev.) (3)
10. ἐκ (3)
14. συ και ἀλλοι (5)
16. πλοιον (4)
17. ξιφη τε και ἀσπιδες (4)

4   Homeric epithets

Complete the grid below by filling in the heroes and gods to which the given epithets apply and by so doing, find out the well-known epithet which goes down the middle of the grid. All the clues are in Greek and your answers should be in Greek too.

I.   ἑκηβόλος (7)
2.   φιλομειδής (8)
3.   ποδας ὠκυς (8)
4.   νεφεληγερετα (4)
5.   ποτνια θηρων (7)
6.   βοωπις (3)
7.   εὐκνημιδες (6)
8.   Ἀλεξανδρος θεοειδης (5)
9.   ἀγκυλομητις (6)
10.   ἐνοσιχθων (8)

The epithet is: ....

5   Tragic characters wordsearch

Greek tragedies are full of wonderful characters. Several of them appear in the lists below, with their names written in English. They have all been hidden in the grid and your job is to find them, though this time round, you will need to know that they are written in Greek. Words may go across, backwards, up, down or diagonally.

Α	Β	Φ	Σ	Υ	Ο	Π	Ι	Δ	Ι	Ο	Ξ
Ρ	Ι	Π	Π	Ο	Λ	Υ	Τ	Ο	Σ	Ω	Ι
Τ	Ι	Ο	Δ	Υ	Σ	Σ	Ε	Υ	Σ	Η	Ο
Σ	Τ	Ε	Ι	Ρ	Ε	Σ	Ι	Α	Σ	Ν	Κ
Η	Λ	Ε	Κ	Τ	Ρ	Α	Γ	Ε	Η	Ο	Α
Ν	Ο	Α	Σ	Ρ	Β	Ω	Χ	Ω	Υ	Γ	Σ
Μ	Ρ	Α	Μ	Η	Δ	Ε	Ι	Α	Θ	Ι	Τ
Ι	Ε	Ι	Α	Δ	Ρ	Ε	Σ	Τ	Γ	Τ	Η
Α	Σ	Α	Γ	Α	Μ	Ε	Μ	Ν	Ω	Ν	Η
Τ	Τ	Σ	Ε	Ω	Ξ	Ε	Η	Τ	Υ	Α	Ν
Υ	Η	Φ	Σ	Α	Χ	Τ	Ν	Ι	Ε	Γ	Φ
Λ	Σ	Ρ	Ε	Δ	Σ	Υ	Η	Θ	Ρ	Φ	Ω
Κ	Ρ	Ε	Ω	Ν	Τ	Ν	Ε	Α	Φ	Ε	Ψ
Ο	Φ	Ι	Λ	Ο	Κ	Τ	Η	Τ	Η	Σ	Χ

Agamemnon	Electra	Odysseus
Ajax	Hippolytus	Oedipus
Antigone	Ismene	Orestes
Clytemnestra	Jocasta	Philoctetes
Creon	Medea	Teiresias

6   Sudoku

You know how Sudoku works. All you have to do is to place numbers one to nine in each vertical and horizontal line and then make sure that each number appears once in each of the nine 3x3 squares. The difference here is that this is Greek Sudoku!

You use the numbers as below:

I	2	3	4	5	6	7	8	9
A	B	Γ	Δ	E	Z	H	Θ	I

A	Γ			H	Θ			Z
Δ	E	B	A					Γ
	H		Γ			I		A
	Z			Δ		A		I
		Δ	E		I	B		
Γ		Θ		B			E	
	Δ				B		Θ	
Z					E	H	I	
E			I	Θ			A	Δ

7   It will be nothing

Try to fit all the Greek words into the grid below. Two of them have been done for you, to get you started.

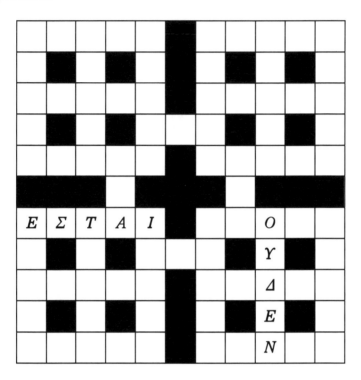

8   The Persian wars

Complete the grid by answering the questions below. Then work out who the key figure was during the Persian wars, by putting together the letters in the shaded boxes.

Across

3. The hot springs where Leonidas and his 300 held back the Persian forces. (11)
7. The city of Leonidas. (6)
8. The Persian king who led the second attempt against Greece. (6)
9. The father of history who wrote it all down. (9)
10. and 5. Down
    These were the gifts demanded by Darius from the Greek states in the lead-up to the start of the wars. (5,5)
11. The city responsible for the success at 4. Down. (6)

Down

1. It was bridged by 8. Across. (10)
2. The final land battle where Xerxes was defeated in 479 BC. (7)
4. The place in Attica where Darius and his forces were first defeated when they came to land. (8)
5. See 10. Across (5)
6. The island off Attica where a decisive battle was fought in 480 BC. (7)

The key figure was: ....

9   Greek to English crossword

The clues are in Greek but your answers should be in English.

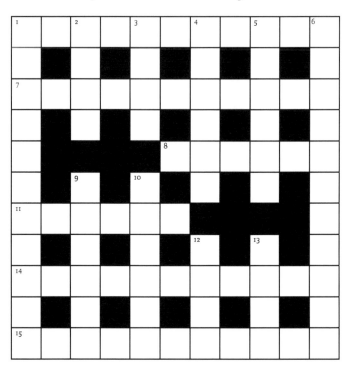

Across

I.   εἶδον (4,3,4)
7.   εἰ τοσουτοι δυνανται (2,2,4,3)
8.   θηρες (6)
11.   παρειναι (2,4)
14.   και πιπτω και (3,1,4,3)
15.   παντα ὁπλα (5,6)

Down

I.   τουτο ἐστιν ἀνδρειον (4,2,5)
2.   ῥᾳδιον (4)
3.   οἰκαδε (4)
4.   κινδυνος (6)
5.   συγγνωμην ἐχε (6)
6.   ἐννεα καθιστασι (4,3,4)
9.   χειριζε (6)
10.   παντες πετονται (3,3)
12.   φυγε (4)
13.   παυε (4)

10   English to Greek crossword

The clues are in English but your answers should be in Greek.

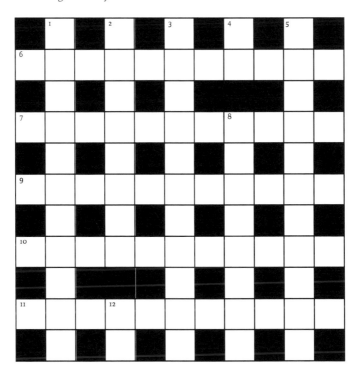

Across

6. Of the dead man (11)
7. Who makes the sign? (3,8)
9. As far as she was looking (4,7)
10. You asked about the song (5,6)
11. They were amazed at themselves (11)

Down

1. We did it for ourselves (11)
2. They sacrificed for themselves (8)
3. They were thought (11)
4. One thing (2)
5. Where were you said? (3,8)
8. Women who saw for themselves (Acc.) (8)
12. By (Abbrev.) (2)

11   Greek to Greek crossword

The clues are in Greek and your answers should also be in Greek.

Across

1. χωραν πολιταις (5)
4. ἐφαινετο (5)
7. οὐδαμως (3)
8. πετρα (5)
9. πνευματι (5)
10. ὡς (3)
11. μετα τινος εἰ (5)
14. ἠξιου (5)
17. χωρων (5)
20. σακος (5)
23. ἀλλ' οὐ (Abbrev.) (3)
24. ἱερα (5)
25. μονος (5)
26. ὁ ἐκ (3)
27. ζωσιν (5)
28. λαμπαδες (5)

Down

1. θυρας (5)
2. ἀφανης (5)
3. λοιμοι (5)
4. ἐφλεγε (5)
5. λοφοις (5)
6. ἐρομαι (5)
12. παρα (3)
13. ἡμεις ἀνευ ὑμων (3)
15. ὁς (3)
16. ἡμιν ἀνευ ὑμων (3)
17. τουτον (5)
18. στολος (5)
19. λοιμον (5)
20. κακη (5)
21. δρᾳ (5)
22. φυλαξει (5)

12   For the winner

*The object of the puzzle is to find out which letter of the alphabet is represented by each of the 16 numbers used. You are given one word to start you off, so you can begin by entering any letters from this wherever they appear in the grid. Each word you make should be in good Greek. As you decode each letter, write it in the **Letters deciphered** table and cross it off in the **Letters used** table.*

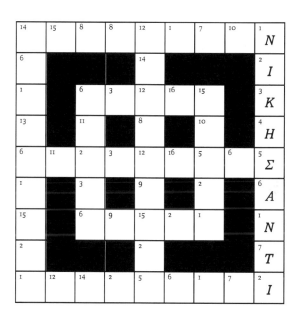

Letters deciphered

1	2	3	4	5	6	7	8	9	10	11	12	13	14	15	16
N	I	K	H	Σ	A	T									

Letters used

~~A~~	Γ	Δ	E	~~H~~	Θ	~~I~~	~~K~~	Λ	M	~~N~~	O	~~Σ~~	~~T~~	Υ	Ω

13   Warriors of the Trojan war

Complete the grid below by filling in the names of the warriors to which the clues apply and by so doing, find out the name which goes down the middle of the grid. All the clues are in Greek and your answers should be in Greek too.

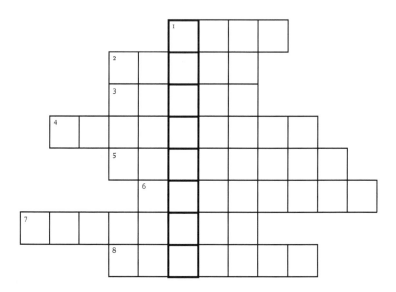

1.   ἦν ὁ τοῦ *Τ*ελαμωνος υἱός. (4)
2.   ἦν ὁ τῆς *Τ*ροιας πρωτος αἰχμητης. (5)
3.   του πολεμου ἦρχε, ἐπει την *Ἑ*λενην ἡρπασατο. (5)
4.   ἦν ὁ παντων των *Ἑ*λληνων βασιλευς. (9)
5.   ἦν ὁ των *Ἑ*λληνων πρωτος αἰχμητης. (8)
6.   ἦν ὁ πολυτροπος ἀνηρ. (8)
7.   ἦν ὁ του των *Ἑ*λληνων βασιλεως ἀδελφος. (8)
8.   ἦν ὁ τῆς *Τ*ροιας βασιλευς. (7)

The name is: ....

14   Greek to English crossword

The clues are in Greek but your answers should be in English.

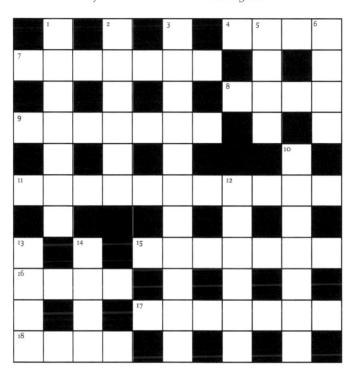

Across

4. ἔφυγε (4)
7. ἔρως (7)
8. στρατια (4)
9. παλαιος μυθος (3,4)
11. ὧν καινος νυν (5,3,3)
15. ἐπαυσε (7)
16. ζαν (4)
17. παντες πειθουσιν (3,4)
18. λογος (4)

Down

1. προτερον (7)
2. ἐστιν ἀνηρ τις (2,1,3)
3. εὐτυχως (11)
5. ἀναξ (4)
6. ἡμεραι (4)
10. βαρβαρος (7)
12. χεομεν (2,4)
13. βραδυς (4)
14. ποτε (4)

15   English to Greek crossword

The clues are in English but your answers should be in Greek.

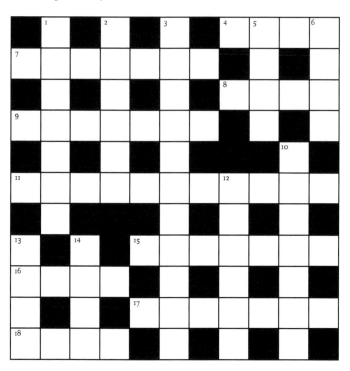

Across

4.   I should learn (4)
7.   For a man (7)
8.   I should fall (4)
9.   Difference (7)
11. Cut it up for yourself like this (6,5)
15. Good things forever (4,3)
16. She (4)
17. I was arranged (7)
18. They are (4)

Down

1.   You took up (7)
2.   A man writing (6)
3.   They marched (11)
5.   Without (4)
6.   Of the ears (4)
10. While I could be (3,4)
12. I am the first (6)
13. Take (4)
14. Year (4)

16   Greek to Greek crossword

The clues are in Greek and your answers should also be in Greek.

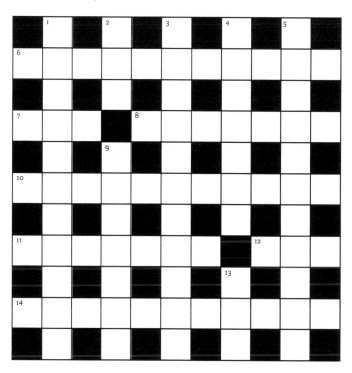

Across

6. τοις νικωσιν γιγνεται (7,4)
7. ἡμεις ἀνευ ὑμων (3)
8. βουλεσθε (7)
10. δημον κατεπαυετε (4,7)
11. οὐ δυοιν παρην (4,3)
12. πρασσε (3)
14. νοησαι αὐτο ἐμου εἰναι (7,4)

Down

1. ἐργον δικαιον (6,5)
2. ὁμως (3)
3. πυνθανονται (11)
4. τετυχηκα (7)
5. οὐδε τριτοι ἐγενεσθε οὐδε πεμπτοι (3,8)
9. τα καταντικρυ (7)
13. χρη (3)

17   Take it steady

Solve the riddle by answering all the statements made below. As you answer each question, insert a letter in the grid below, where you will see two words formed.

Word 1

1. το πρωτον ἐνεστι ἐν τῳ μανθανειν ἀλλ οὐκ ἐν τῳ λανθανειν.
2. το δευτερον ἐνεστι ἐν ἡπου ἀλλ οὐκ ἐν που.
3. το τριτον δις ἐνεστι ἐν τῳ διαδηματι ἀλλ᾽ οὐκ ἐν ταις τιμαις.
4. το τεταρτον τρις ἐνεστι ἐν τῳ ἐκπεμπειν.
5. το πεμπτον δις ἐνεστι ἐν τῳ κινδυνῳ ἀλλ᾽ ἁπαξ ἐν τῃ νικῃ.

Word 2

1. το πρωτον δις ἐνεστι ἐν βατραχοις και ἁπαξ ἐν ἐλεφασιν.
2. το δευτερον ἐνεστι ἐν τῳ γελωντι ἀλλ οὐκ ἐν τῳ ἑλωντι.
3. το τριτον ἐνεστι ἐν τῳ βαθει ἀλλ᾽ οὐκ ἐν τῳ βοηθειν.
4. το τεταρτον ἁπαξ ἐνεστι ἐν τῃ νικῃ ἀλλα δις ἐν τῳ νεμοντι.

το ὁλον βουλευεται.

1	2	3	4	5

1	2	3	4

18   Greek to English crossword

The clues are in Greek but your answers should be in English.

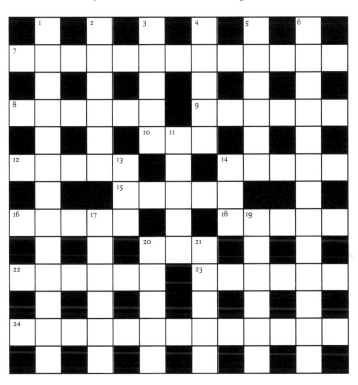

Across

7. ἀκουῃς (3,6,4)
8. ἀπειλη (6)
9. δεινος (6)
10. ὁρα (3)
12. πας (5)
14. οὐ φημι (1,4)
15. συντυχια (5)
16. παν ἐστι (3,2)
18. τοξευε (5)
20. ὀφθαλμος (3)
22. ὠφελεω (1,5)
23. ὡς ἀγαθον (2,4)
24. λανθανω (1,6,6)

Down

1. ταις κωμαις (2,3,8)
2. ὡς φοβος (2,4)
3. τα γενη (5)
4. χωριον (5)
5. ἀσπις (6)
6. ἠλθε εἰς βιαν (4,4,5)
11. πολεμιος (5)
13. ναι (3)
14. ἐστι (Abbrev.) (3)
17. χορευω (1,5)
19. τυγχανει (2,4)
20. ἀποδιδρασκε (5)
21. μισθοφορει (5)

19   English to Greek crossword

The clues are in English but your answers should be in Greek.

Across

3. For a god (3)
7. Of the first man (6)
8. That man (Acc.) (6)
9. Words (3)
10. I will be (6)
11. Signs (6)
12. New things (3)
14. She stops (5)
17. A knowing man (5)
20. Night (Acc.) (5)
21. Mouth (5)
24. For themselves (5)
27. You will be (3)
29. Of day (6)
30. He will leave (6)
31. See (3)
32. Fields (Acc.) (6)
33. Strength (6)
34. Up (3)

Down

1. In the best way (6)
2. He was cutting (6)
3. To sacrifice (5)
4. I lived (5)
5. I think (6)
6. I bring (6)
13. A likely thing (5)
14. Everyone (3)
15. By (3)
16. So that (3)
17. You allow (3)
18. For Zeus (3)
19. To you (3)
22. What big thing? (2,4)
23. Countless ones (6)
25. He shows (6)
26. A narrow place (6)
27. I saved (5)
28. I drove (5)

20   Greek to Greek crossword

The clues are in Greek and your answers should also be in Greek.

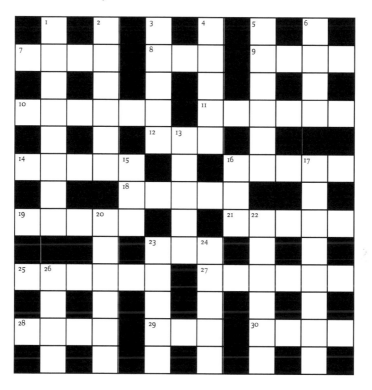

Across

7. τ' ἀληθες (2,2)
8. ἀνηρ σου (3)
9. ἐχρη (4)
10. στολαι (6)
11. ὁπως ἐχῃ (6)
12. ὡς (3)
14. καθιστασαι (5)
16. ὁς γλυκυς ἐστιν (1,4)
18. θεμιστος (5)
19. ἡ σιωπη (1,4)
21. δικαιας (5)
23. εἱς των παντων (3)
25. ἐργον (6)
27. διδωμι (6)
28. τουτο ἐμου ἐστιν (4)
29. εἱς (3)
30. σοι μετ' ἀλλων (4)

Down

1. ἐχθρος (8)
2. ἀναλαβων (6)
3. γιγνοιο (5)
4. ἐμαθον (5)
5. μηνη (6)
6. εἰπω (4)
13. παιδες (5)
15. νυν (3)
16. τοσαυτα (3)
17. εἰναι (8)
20. εἰμι (6)
22. διψιους (6)
23. ὁλα (5)
24. ἑλκουσι (5)
26. λογος (4)

21

21   Comic characters wordsearch

Greek comedies are full of wonderful characters. Several of them appear in the lists below, with their names written in English. They have all been hidden in the grid and your job is to find them, though this time round, you will need to know that they are written in Greek. Words may go across, backwards, up, down or diagonally.

Ξ	Α	Ν	Θ	Ι	Α	Σ	Σ	Δ	Η	Φ	Γ
Φ	Γ	Α	Γ	Α	Θ	Ω	Ν	Ι	Τ	Φ	Ω
Ε	Δ	Δ	Υ	Ο	Ν	Ι	Σ	Ο	Α	Ι	Π
Ι	Ε	Ι	Μ	Σ	Τ	Η	Ω	Ν	Ρ	Λ	Ι
Δ	Ξ	Κ	Υ	Ψ	Ξ	Μ	Κ	Υ	Τ	Ο	Σ
Ι	Χ	Α	Ρ	Ω	Ν	Τ	Ρ	Σ	Σ	Κ	Θ
Π	Β	Ι	Ρ	Φ	Μ	Φ	Α	Ο	Ι	Λ	Ε
Π	Ν	Ο	Ι	Α	Π	Ρ	Τ	Σ	Σ	Ε	Τ
Ι	Μ	Π	Ν	Ε	Ι	Η	Η	Ε	Υ	Ω	Α
Δ	Ε	Ο	Η	Λ	Θ	Ν	Σ	Π	Λ	Ν	Ι
Η	Η	Λ	Α	Μ	Α	Χ	Ο	Σ	Δ	Τ	Ρ
Σ	Η	Ι	Σ	Ο	Ι	Α	Γ	Υ	Ρ	Τ	Ο
Λ	Λ	Σ	Τ	Ρ	Ε	Ψ	Ι	Α	Δ	Η	Σ
Α	Γ	Ο	Ρ	Α	Κ	Ρ	Ι	Τ	Ο	Σ	Π

Agathon   Lamachus   Pisthetairus
Agoracritus   Lysistrata   Socrates
Charon   Myrrhine   Strepsiades
Dikaiopolis   Pheidippides   Trygaeus
Dionysus   Philocleon   Xanthias

22

22   Athenian statesmen

Complete the grid below by filling in the names of the statesmen to which the clues apply and by so doing, find out the name which goes down the middle of the grid. The clues are in English but your answers should be in Greek.

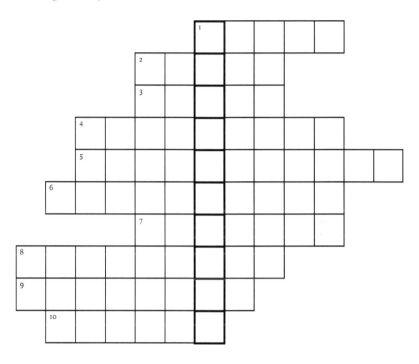

1.   He was the son of Miltiades who fought at Salamis and led the aristocratic party afterwards, during the early years of the Delian League. (5)
2.   He was the first of the great Athenian lawmakers, who brought in a policy of cancelling debts. (5)
3.   A leader during the Archidamian War, who gained success at Sphacteria and fought Brasidas at Amphipolis. (5)
4.   The main mover in achieving success in the battle of Marathon. (9)
5.   He led the Athenians to victory in the battles of Artemisium and Salamis. (11)
6.   He occupied Pylos in 425 BC and later led the relief force to Sicily in 413 BC. (10)
7.   He was a demagogue who brought in a two-obol payment for citizens and rejected Spartan peace offers after the battles of Cyzicus and Aegospotami. (7)
8.   He was responsible for negotiating peace with Sparta in 404 BC and gained a reputation for changing sides politically. (9)
9.   He was the general behind the development of the Acropolis complex and the start of the Peloponnesian War. (8)
10.   One of the three generals in charge of the Sicilian expedition, he was a superstitious man who suffered from kidney failure. (6)

The hidden name is: ....

23   It seemed a pleasure

Try to fit all the Greek words into the grid below. Two of them have been done for you, to get you started.

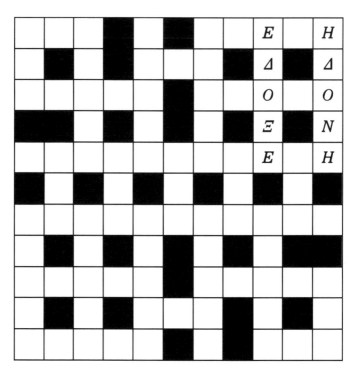

Three letters	Five letters		Eleven letters
ἴνα	αἰτει	λυοιο	ἀφικνουμενη
ἰσα	αὐτος	νεους	των νικωντων_
ἰφι	βαλου	ποσον	
κἄν	βλεπῃ	σωσον	
μεν	~~ἐδοξε~~	τιμης	
νεῳ	ἐσμεν	τυχης	
νυν	~~ἡδονη~~	χρονε	
ὁρα	ἰδειν	ὠκεια	
οὐκ			
συν			
φυω			

24   It happened

*The object of the puzzle is to find out which letter of the alphabet is represented by each of the 18 numbers used. You are given one word to start you off, so you can begin by entering any letters from this wherever they appear in the grid. Each word you make should be in good Greek. As you decode each letter, write it in the **Letters deciphered** table and cross it off in the **Letters used** table.*

1 E	2 Γ	1 E	3 N	1 E	4 T	5 O	■	1	17	13
3	13	■	18	■	■	■	8	■	18	
4	■	15	17	15	9	10	18	1	4	1
5	■	6	■	1	■	6	■	17	■	17
10	6	3	1	11	5	8	1	3	■	10
■	■	9	■	5	■	8	■	9	■	■
1	■	10	6	8	16	1	17	10	1	17
11	■	4	■	9	■	3	■	7	■	15
1	14	1	12	17	16	1	4	1	■	1
4	■	17	■	■	17	■	■	10	9	
1	3	9	■	16	5	3	13	7	1	3

Letters deciphered

1	2	3	4	5	6	7	8	9	10	11	12	13	14	15	16	17	18
E	Γ	N	T	O													

Letters used

A	~~Ϝ~~	Δ	~~Ε~~	H	Θ	I	K	Λ	M	~~N~~	Ξ	~~Θ~~	Π	Σ	~~Ϙ~~	Y	X

25

25 Greek to English crossword

The clues are in Greek but your answers should be in English.

Across		Down

Across

8. τα πραγματα Ἀθηναια (8,7)
9. καιπερ ἐπει (8,4)
10. ἡμεις (2)
11. οὑτως (2)
13. κακως ποιειν (6)
14. ὁδος (4)
16. χρασθαι (3)
17. αἰθηρ (3)
18. ἐστι (Abbrev.) (3)
20. ἐκβαινοντα (7)
22. υἱος (3)
24. δεκα (3)
26. και (3)
27. τελευτηθεν (4)
29. πριν (6)
30. μεταξυ ὀμικρον και ῥω (2)
32. ὑπαρχει (2)
34. οὐδαμως, οὐκ ἐξην (2,2,5,3)
35. γερουσια (7,2,6)

Down

1. οὐκετι (5,3)
2. βοωμεν (2,5)
3. and 6. Down
   αἰκια κερδεων (6,2,5)
4. παρα (2,3,8,2)
5. τίνος (2,4)
6. See 3. Down (5)
7. ἐφυ (4)
12. ἡμετερον (4)
15. ἐχει (3)
19. παυειν (4)
20. τελος (3)
21. ἐν χρειᾳ εἰναι (2,2,4)
23. θυραι ἡμετεραι (3,5)
25. ἐαν προσθω (2,2 (Abbrev.),3)
28. ἀρχη (6)
31. ματαιος (5)
33. βραδυς (4)

26 English to Greek crossword

The clues are in English but your answers should be in Greek.

8. Let's take the other man (7,3,5)
9. Milk (4)
10. Slow (5)
11. Around (4)
12. Heart (6)
14. Threat (6)
16. So that (3)
18. You were throwing (7)
19. Victory for one man (4,3)
20. At the same time as (3)
22. Opposite (6)
24. A hundred (6)
25. Of one man (4)
27. She suffered (5)
28. The men (Acc.) (4)
29. Of the ones coming together (3,12)

1. Of them taking down (15)
2. Body (4)
3. Always by force (3,3)
4. Army (Acc.) (7)
5. Breath (6)
6. Other things (4)
7. Your friend (Acc.) (3,5,3,4)
13. He shows (5)
15. I showed (5)
16. Equal things (3)
17. Up (3)
21. Big women (7)
23. Seed (6)
24. I stayed (6)
26. I will save (4)
28. For someone (4)

27   Greek to Greek crossword

The clues are in Greek and your answers should also be in Greek.

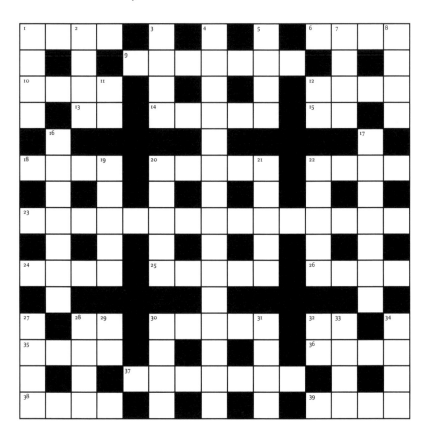

Across

1. ὑπαρχω (4)
6. εἰπε (4)
9. ἀφιεναι (7)
10. διψω (4)
12. ἀνδρας (4)
13. ἐπι (2)
14. ἀνελθων (5)
15. ζᾳς (2)
18. μεντοι (4)
20. τουτον (5)
22. πραττειν (4)
23. βουλεται διδασκεσθαι (6,9)
24. αἰωνα (4)
25. ἁγνον (5)
26. παραπλησιου (4)
28. ὑμας ἀλλ᾽ ἀνευ των ἀλλων (2)
30. ψυχη (5)
32. γε (2)
35. ἐκτος (4)
36. ὑπαρχετε (4)
37. ἐν τῃ γῃ κρυπτειν (7)
38. ἡμετερον (4)
39. ἐκεισε (4)

Down

1. λεγε (4)
2. ἰστασο (4)
3. ἑλε (4)
4. εἱλον το ἀργυριον (6,2,7)
5. Ζηνος (4)
7. ἡμιν ἀνευ των ἀλλων (4)
8. πελονται (4)
11. ὠντινων (2)
12. και (2)
16. το ὀν (7)
17. εὐνοιας (7)
19. των δε (5)
20. μεταξυ δυοιν και τετταρσι (5)
21. βας (5)
22. παρασχοντι (5)
27. εὐπρεπης (4)
28. θεραπευω (4)
29. καλως (2)
30. Ἀθηνην (4)
31. τοις σου (4)
32. ἀλλα (2)
33. ἐγενοντο (4)
34. δις πεντε (4)

28   In order

Try to fit all the Greek words into the grid below. One of them has been done for you, to get you started.

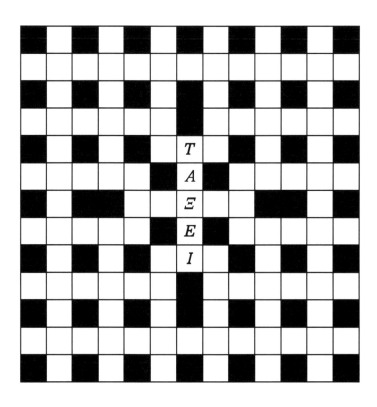

Three letters	Five letters	Six letters	Thirteen letters
ἕνα	ἄρχον	ἄνδρες	ἄλλο το ποιηθεν
ἴτε	δοκει	δολιος	ἄλλους τροπους
νηΐ	ἐστιν	ἐμεινα	νεων φιλοσοφων
τις	ἦρξεν	ἱππευς	συμβαινομενων
	ἴσασι	κομιζῃ	
	μονην	μηδενα	
	Σαμος	πρεσβυ	
	~~ταξει~~	ῥᾳδιον	
	ταξις		
	τρεπε		

29   Out of the wood

*The object of the puzzle is to find out which letter of the alphabet is represented by each of the 19 numbers used. You are given two words to start you off, so you can begin by entering any letters from these wherever they appear in the grid. Each word you make should be in good Greek. As you decode each letter, write it in the **Letters deciphered** table and cross it off in the **Letters used** table.*

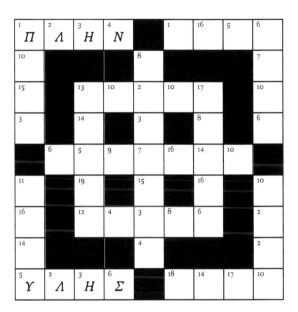

Letters deciphered

1	2	3	4	5	6	7	8	9	10	11	12	13	14	15	16	17	18	19
Π	Λ	Η	Ν	Υ	Σ													

Letters used

A	Δ	E	~~H~~	Θ	I	K	~~Λ~~	M	~~N~~	O	~~Π~~	P	~~Σ~~	T	~~Υ~~	Φ	Ψ	Ω

30 Greek to English crossword

The clues are in Greek but your answers should be in English.

Across

3. βους (3)
7. ῥησις (6)
8. ἀρχη (6)
9. εἰμι (1,2)
10. ζῳον (6)
11. δυσμενης (6)
12. θορυβος (3)
14. ἀπαντᾳ (5)
17. ὁδος τις (1,4)
20. ἰσον (5)
21. ἐκει (5)
24. πευκαι (5)
27. μια (3)
29. κινδυνος (6)
30. οὐδεμια εὐτυχια (2,4)
31. ἀποθνῃσκειν (3)
32. ἀκουε μου (4,2)
33. δεσποτης (6)
34. αὐγη (3)

Down

1. ἐπ᾽ ἐμοι (4,2)
2. ἀνεχεσθαι (6)
3. παιδιον (5)
4. γυνη (5)
5. παραδιδοναι (4,2)
6. ἐξ τιθεασι (3,3)
13. καιω (1,4)
14. ἐτυχε (3)
15. ὀφθαλμος (3)
16. ὁραν (3)
17. παντες (3)
18. βραχιων (3)
19. ἐκεινου (3)
22. οὐρανος (6)
23. βλεπειν (6)
25. τελος (2,4)
26. λεκτον (6)
27. κελευε (5)
28. πολεμιος (5)

31 English to Greek crossword

The clues are in English but your answers should be in Greek.

Across

7. Around (4)
8. Always (3)
9. To flow (4)
10. Where (3)
11. Already (3)
12. Begin (4)
13. Your women (Acc.) (3)
15. Of themselves (4)
18. A dear friend (Acc.) (5)
20. You have come (5)
22. Of victory (5)
23. Look at it! (5)
25. Worthy men (5)
27. Themselves (Acc.) (4)
29. How many things (3)
31. He leads (4)
32. With ears (3)
33. Of earth (3)
34. You need (4)
35. Through (3)
36. You dare (4)

Down

1. Days (6)
2. Speak now! (4)
3. Ship (4)
4. You could be (4)
5. The god of War (4)
6. They honour (6)
14. For unjust men (7)
16. Nine (5)
17. To have lived (5)
19. Set free! (3)
21. For one thing (3)
24. A thing taken (6)
26. She thinks (6)
28. I will save (4)
29. I know (4)
30. Too much (4)
31. Town (4)

32   Greek to Greek crossword

The clues are in Greek and your answers should also be in Greek.

Across

3. λαμβανου (3)
7. φασγανου (6)
8. τελευτης (6)
9. δις το οὐς (3)
10. ὀρθος (6)
11. διψιοις (6)
12. κομιζε (3)
14. τῳ των ἀνδρων ἀριθμῳ (5)
17. γενησεται (5)
20. το κοιμασθαι (5)
21. ὁραν (5)
24. εἰτε οὐν (1,4)
27. παραπλησια (3)
29. εὑρε (6)
30. παροικος (6)
31. ἠδη (3)
32. ἐπισκοπει (6)
33. ᾧ δακνεις (6)
34. βαινῃς (3)

Down

1. συγγραμμα (6)
2. ὠφελει (6)
3. ἐφυλαξα (5)
4. ἐν ταξει ἐθηκε (5)
5. ἐμπλεως (6)
6. εὐθυς (6)
13. ἐθνος (5)
14. ὡς (3)
15. οὑτος (3)
16. μετα (3)
17. γενησῃ (3)
18. εἰς (3)
19. ἐλθετε (3)
22. κλαιε (6)
23. ἐπιτηδειον (6)
25. ὠ ἑταιροι (1,5)
26. θαρσουντι (6)
27. βαινειν (5)
28. ὁσιος (5)

36

33   Sudoku

You know how Sudoku works. All you have to do is to place numbers one to nine in each vertical and horizontal line and then make sure that each number appears once in each of the nine 3x3 squares. The difference here is that this is Greek Sudoku!

You use the numbers as below:

I	2	3	4	5	6	7	8	9
A	B	Γ	Δ	E	Z	H	Θ	I

Θ	I	Z				H		
	Δ				Θ	B	Z	A
		A		Γ	E			I
		Δ	I	E		Γ		B
H			B		A			Θ
A		I		Z	Γ	E		
I			Δ	H				
Γ	A				Z		Δ	
		H				Θ	B	E

34   Spartans

Complete the grid below by filling in the names of the Spartans to which the clues apply and by so doing, find out the name which goes down the middle of the grid. The clues are in English and your answers should also be in English.

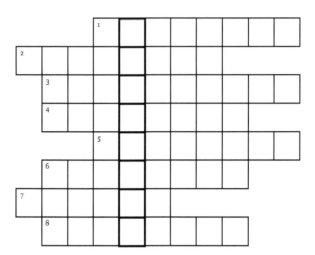

1.   He held the pass of Thermopylae against Persian invaders until his death in 480 BC. (8)
2.   He led a force to Syracuse to help against the Athenians in 414 BC. (8)
3.   He was the king after whom the period of the first ten years of the Peloponnesian War was named. (10)
4.   The Council of Elders. (8)
5.   He led the armies against Cleon in Amphipolis, where he died. (8)
6.   He was the admiral who sought the help of the Persian King Cyrus during the later years of the Peloponnesian War. (8)
7.   The conquered people whose enslavement came early in Spartan history. (6)
8.   The king whose marriage to Helen was to bring huge sorrow to Greece. (8)

The name going down the grid is: ....

35   It's for turning

The object of the puzzle is to find out which letter of the alphabet is represented by each of the 19 numbers used. You are given one word to start you off, so you can begin by entering any letters from this wherever they appear in the grid. Each word you make should be in good Greek. As you decode each letter, write it in the **Letters deciphered** table and cross it off in the **Letters used** table.

Letters deciphered

1	2	3	4	5	6	7	8	9	10	11	12	13	14	15	16	17	18	19
T	*P*	*E*	*Π*	*A*	*I*													

Letters used

A̶	*B*	*Γ*	*Δ*	*E̶*	*H*	*Θ*	*I̶*	*K*	*Λ*	*M*	*N*	*O*	*Π̶*	*P̶*	*Σ*	*T̶*	*Y*	*Ω*

36   Greek to English crossword

The clues are in Greek but your answers should be in English.

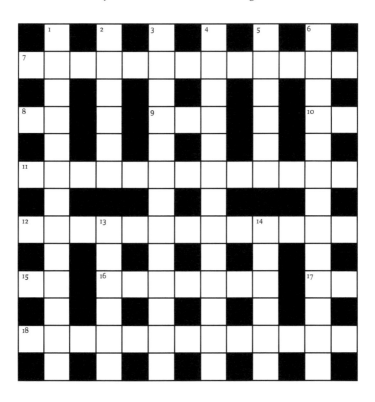

Across

7. ἤδη ἐργῳ (7,2,4)
8. αὐτο (2)
9. οὐ (3)
10. οὐδαμως (2)
11. ἐβουλευσαμεν πολλους (2,7,4)
12. τῳ ἀδελφῳ (3,3,7)
15. ἀνα (2)
16. μονος (4,3)
17. προς (2)
18. ἐκαθιζομεν (2,4,7)

Down

1. παντες οἱ νεκροι (3,3,7)
2. δευτερον (6)
3. οὐ φημι ἀποκρινασθαι (1,4,1,7)
4. αἱ ἀρεται μενουσι (7,6)
5. αὐτων (2,4)
6. οἱος τ᾽ εἰμι ἐξευρισκειν ἐν (1,3,6,3)
13. ἐλασσονα (3,3)
14. τονῳ (2,4)

37 English to Greek crossword

The clues are in English but your answers should be in Greek.

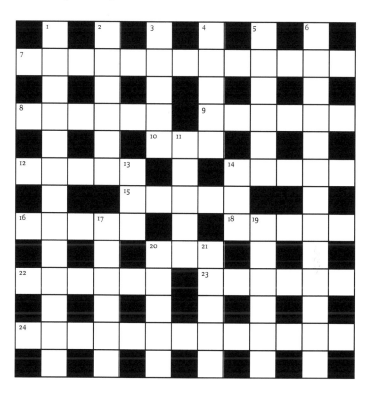

Across

7. As far as it surrounded (4,9)
8. A neighbour (6)
9. I heard (6)
10. To (3)
12. She fell (5)
14. He will give (5)
15. With a hand (5)
16. He said (5)
18. Another man (5)
20. Up (3)
22. You were waiting (6)
23. Wise men (Acc.) (6)
24. A city of followers (5,8)

Down

1. We are enemies (5,8)
2. The ninth man (6)
3. Cut! (5)
4. Of honour (5)
5. For the seventh thing (6)
6. He was begging after he fled (8,5)
11. A private matter (5)
13. Hold! (3)
14. Through (3)
17. For strangers (6)
19. Something taken (6)
20. For a town (5)
21. A townsman (5)

38   Greek to Greek crossword

The clues are in Greek and your answers should also be in Greek.

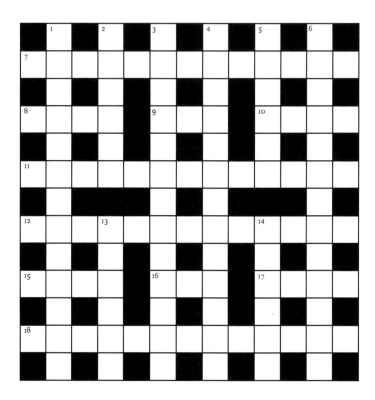

Across

7.   κρισεις συνεχουσι (6,7)
8.   φλογι (4)
9.   δ' (3)
10. προτερον ἠ (4)
11. πολιται Σπαρτηθεν (13)
12. λυσιν ἐσχηκοιμι (9,4)
15. βαρβαρε (4)
16. σφαζε (3)
17. πλοια (4)
18. ἠ διδασκειν (4,9)

Down

1.   ἐσημηνατε δαιμοσι (8,5)
2.   ἐστη (6)
3.   ἐναντιας ἐμας γιγνωσκω (4,3,6)
4.   ἐχθρος ἐμου ᾐσθετο (1,8,4)
5.   μυχον (6)
6.   ἠδε γενησοιτο; μηδαμως (6,7)
13. ἐᾳ (6)
14. γενους (6)

39   Words of wisdom: who said what?

Complete the grid below by filling in the names of the people who wrote or said what is quoted here and by so doing, find out a quotation in Greek which goes down the middle of the grid. The answer of the puzzle is the name of the man who said this. The clues are in Greek and your answers should also be in Greek.

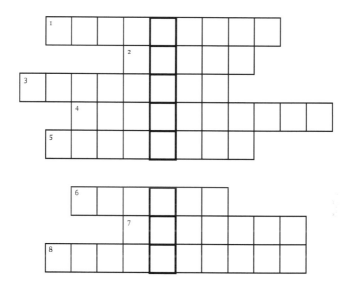

1.   ὦ παγκάκιστε (9)
2.   τί ταχιστον; νους· δια παντος γαρ τρεχει. (5)
3.   ἀπο του ἡλιου μεταστηθι (8)
4.   ἀνθρωπος μετρον (10)
5.   ἑν οἰδα ὁτι οὐδεν οἰδα (8)
6.   οὐτις ἐμοι γ᾽ ὀνομα (6)
7.   θαλαττα, θαλαττα (7)
8.   κτημα ἐς ἀει (10)

The answer is: ....

40   Greek to English crossword

The clues are in Greek but your answers should be in English.

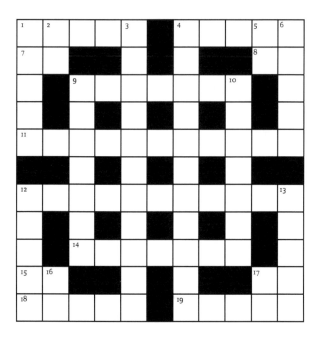

Across

I. ἀγωνες (5)
4. αὐτη ἐστι (3,2)
7. αὐτο (2)
8. οὐδαμως (2)
9. κωλυε (7)
II. οὐδεν ἀγαθον (7,4)
12. ἐκφερων (8,3)
14. πρωτευειν (2,5)
15. ποιειν (2)
17. εἰ (2)
18. εἰσερχεσθαι (5)
19. ἐλαχιστα (5)

Down

I. δοθεν (5)
2. παρα (2)
3. αὐτη ἐπηλθεν (3,3,2,3)
4. ὁρᾳ στρατηγον (4,7)
5. ἐν (2)
6. φωνη (5)
9. τιθεις (7)
10. ἐξελαβε (4,3)
12. νυμφη (5)
13. κλοπη (5)
16. ἐπι (2)
17. ἐστι (2)

41   English to Greek crossword

The clues are in English but your answers should be in Greek.

Across

5. She's enough (5)
7. Villages (5)
10. They are sent (9)
11. I allow (2)
12. Truly (2)
13. He sought (7)
14. Against (Abbrev.) (2)
16. Again (2)
17. For you are asking (6,3)
18. Three (5)
20. The ninth woman (5)

Down

1. I look at (5)
2. Land (2)
3. Out of (2)
4. Back again (5)
6. She is thought (9)
8. So as to keep quiet (4,5)
9. For these men (7)
15. For father (5)
16. Virtue (5)
19. You (Acc.) (2)
20. If (2)

42   Greek to Greek crossword

The clues are in Greek and your answers should also be in Greek.

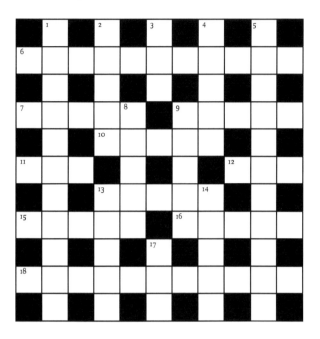

Across

6. σφαλλομεθα (11)
7. προσοψομαι (5)
9. τινες (5)
10. προς Ζηνα (2,3)
11. πρωτος ἰσθι (3)
12. παραπλησια (3)
13. σταθμῳ (5)
15. πετρα (5)
16. ἐπισταμεθα (5)
18. πυνθανονται (11)

Down

1. συμφερει (11)
2. βιβλον ποιησω (5)
3. ἐφιεναι (3)
4. φρονησις (5)
5. ἐπαγομεναι (11)
8. οἱα ἑκαστος (2,3)
9. ζᾳ (5)
13. ὠφελῶ (5)
14. παραπλησια ἠδη (3,2)
17. ὁπως (3)

46

43   He took it all

The object of the puzzle is to find out which letter of the alphabet is represented by each of the 18 numbers used. You are given two words to start you off, so you can begin by entering any letters from these wherever they appear in the grid. Each word you make should be in good Greek. As you decode each letter, write it in the **Letters deciphered** *table and cross it off in the* **Letters used** *table.*

	1 E		5 Π	3 A	6 N	7 T	3 A		1	
1	2 Λ	8	1	6	■	3	5	3	17	3
■	3 A	■	6	■	■	■	13	■	7	■
1	4 B	11	7	1	■	9	8	12	3	6
7	1 E	■	1	8	12	8	17	■	16	10
16	■	■	■	9	■	18	■	■	■	7
18	1	■	14	8	6	13	17	■	5	10
3	2	2	3	17	■	17	16	7	13	6
■	9	■	2	■	■	■	7	■	17	■
15	10	6	11	6	■	7	13	5	13	16
■	6	■	6	11	17	13	17	■	6	■

Letters deciphered

1	2	3	4	5	6	7	8	9	10	11	12	13	14	15	16	17	18
E	Λ	A	B	Π	N	T											

Letters used

~~A~~	~~B~~	~~E~~	H	Θ	I	K	~~Λ~~	M	~~N~~	O	~~Π~~	P	Σ	~~T~~	Y	Φ	Ω

44 Peloponnesian war: people and places

Complete the grid below by filling in the names of the people and places to which the clues apply and by so doing, find out the character whose name goes down the middle of the grid. The clues are in English but your answers should be in Greek.

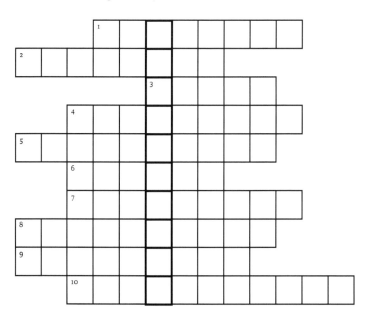

1. Cleon's Spartan opponent: they both died at 4. (8)
2. The Athenian general who was in power at the start of the war and died 2 years later. (8)
3. The Persian king befriended by the Spartan Lysander. (5)
4. The place where Cleon and 1. both died. (9)
5. The satrap of Phrygia, who came into conflict with Lysander at the end of the war. (10)
6. His failure in Sicily was fatal for the Athenian force there. (6)
7. He negotiated peace in Sparta at the end of the war, though he had a reputation for unreliability. (9)
8. He was a failed general who ended up writing a history of the war. (10)
9. An island near Pylos where Spartan warriors were trapped. (9)
10. The satrap of Lydia, who brought Lysander's support to the Persians. (11)

The character's name is: ....

45 Greek to English crossword

The clues are in Greek but your answers should be in English.

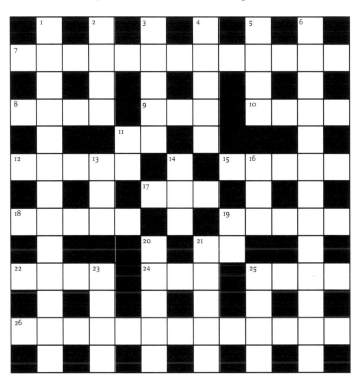

Across

7. ἀρα παντες παρεστε; (3,3,3,4)
8. ἀρχε (4)
9. και (3)
10. ἐγγυς (4)
11. ἐστι (2)
12. κοσμειν (5)
15. ἐκεινοι (5)
17. παις (3)
18. νομιζε (5)
19. χειμων (5)
21. προς (2)
22. χρηται (4)
24. εἰσι (3)
25. ὑψηλος (4)
26. ἱππης οἱοι τ᾽ εἰσιν (6,3,4)

Down

1. περι την ναυν (6,3,4)
2. ὑπ᾽ ἐμου (2,2)
3. βλαπτει (5)
4. αἱμα (5)
5. ἡ (4)
6. μεγας ἀγων (5,8)
11. ἐν (2)
13. τρεχε (3)
14. γαρ (3)
16. τυγχανειν (3)
19. οὑτως (2)
20. αἰτια (5)
21. δακρυα (5)
23. ὀφθεν (4)
25. κεφαλη (4)

46   English to Greek crossword

The clues are in English but your answers should be in Greek.

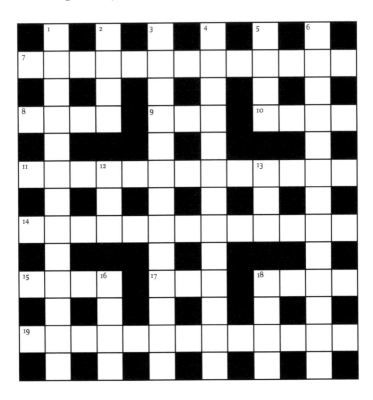

Across

7. Persephone (1,3,5,4)
8. Force (Acc.) (4)
9. Light (3)
10. Holy man (Voc.) (4)
11. It's clear to have good luck (5,8)
14. There will be things to do (4,4,5)
15. I will arrange (4)
17. By ship (3)
18. Except (4)
19. Of the city there (3,4,6)

Down

1. The third daughter (1,5,7)
2. Dog (4)
3. Destroyers (13)
4. Keep quiet about the food (3,5,5)
5. He leads (4)
6. A man of Athens (4,3,6)
12. How many things (3)
13. You should pour (3)
16. Let us be (4)
18. A lot (4)

47 Greek to Greek crossword

The clues are in Greek and your answers should also be in Greek.

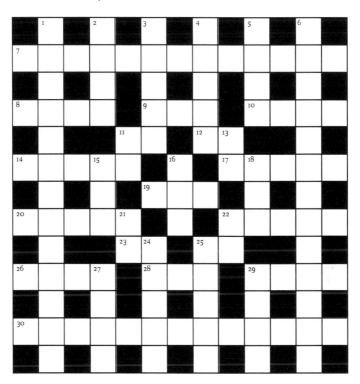

Across

7. τελευτωντος (13)
8. το ἐμου (4)
9. ὡς πολλα (3)
10. αὐτους (4)
11. ἐπ' (2)
12. ὑμας ἀνευ των ἀλλων (2)
14. βαρβαρου (5)
17. κινει (5)
19. ἡμας ἀνευ των ἀλλων (3)
20. φιλιαν (5)
22. φοβερα (5)
23. τα σου (2)
25. δη (2)
26. φυλασσει (4)
28. πλοιῳ (3)
29. της ἐμου γυναικος (4)
30. ὀνομαζομεν τον ἀνδρα (8,5)

Down

1. ἐπορευε τα χρηματα (6,7)
2. ἀφ' οὑ (4)
3. λαον (5)
4. σκοτου (5)
5. τινος (4)
6. τους αὐτους πολιτας (3,5,5)
11. παλιν (2)
13. ἐστε ἀνευ των ἀλλων (2)
15. και οὐ (Abbrev.) (3)
16. τῳ αὐτῳ χρονῳ (3)
18. πρωτος γενου (3)
21. αὐτας (2)
22. ἀλλα (2)
24. πνευματι (5)
25. καθιστασαι (5)
27. παραπλησιον (4)
29. ἐγενομην (4)

48   Greek to English crossword

The clues are in Greek but your answers should be in English.

52

Across

8. ὤφθημεν ἐκει (2,4,4,5)
9. τί (4)
10. λειπε (5)
11. σῳζε (4)
12. αἴτιος (6)
14. ἀπελθειν (6)
16. θαλασσα (3)
18. παιδευειν (7)
19. γραφων (7)
20. τελος (3)
22. σοι (3,3)
24. ἀξιον (6)
25. θεραπευε (4)
27. μαγευτικη (5)
28. ἀκουε (4)
29. προς τους πολεμιους (7,3,5)

Down

1. ὁ δε προσερχηται νυν (2,6,4,3)
2. ἀναπαυσις (4)
3. ἀληθως (6)
4. διοτι (7)
5. μελλειν (6)
6. τουτο (4)
7. ἀνδρειοτερος ἐν τῃ στρατιᾳ (6,2,3,4)
13. εὐτυχης (5)
15. δυναμις (5)
16. ἰδε (3)
17. προστιθεναι (3)
21. νεανικος (7)
23. οὐ ποιηθεν (6)
24. πονηρος (6)
26. ἀγετε (4)
28. χειρ (4)

49   English to Greek crossword

The clues are in English but your answers should be in Greek.

Across

8. It is for the friends (4,6,5)
9. A new thing (4)
10. Horses (5)
11. Town (4)
12. It happened (6)
14. For heaven (6)
16. One man (Acc.) (3)
18. We could sacrifice (7)
19. I learn (7)
20. In order to (3)
22. Shoot! (6)
24. Tongue (6)
25. So as to (4)
27. For a child (5)
28. Towards (4)
29. He was making camp (15)

Down

1. From where do they know this? (5,5,5)
2. An equal thing (4)
3. Friendship (Acc.) (6)
4. Of what went before (3,4)
5. It could be (6)
6. You were (4)
7. Towards the dying man (3,3,9)
13. Goodbye (5)
15. To the beat (5)
16. For one thing (3)
17. Together with (3)
21. For a new horse (3,4)
23. Say it! (6)
24. But earth (4,2)
26. Find it! (4)
28. Stop! (4)

50 Greek to Greek crossword

The clues are in Greek and your answers should also be in Greek.

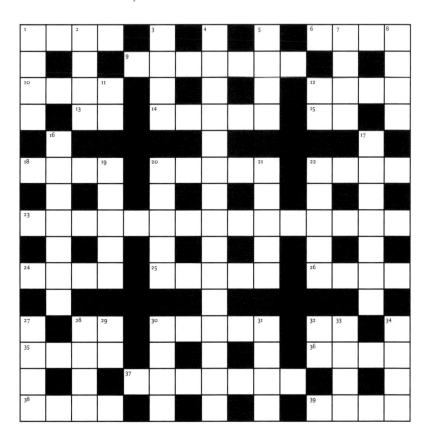

Across

1. λεγω (4)
6. εἶπε (4)
9. ἀνασχοντι (7)
10. ἀφες (4)
12. γλυκυς (4)
13. ἐκειναι (2)
14. γεγονασι (5)
15. ὑμας ἀνευ ἀλλων (2)
18. δει σε πινειν (4)
20. ἐφαινετο (5)
22. ναυστολει (4)
23. κακοι ἐκεινοι κασιγνητοι (6,2,7)
24. ἀγαμα (4)
25. ταις ἐμου (5)
26. ἐναντιον (4)
28. γε (2)
30. ἐξοδος (5)
32. ἐκεινο (2)
35. παρην (4)
36. μονου (4)
37. οἱος τ᾽ εἰμι (7)
38. σε μετ᾽ αλλων (4)
39. δημων (4)

Down

1. ὀρρωδια (4)
2. σφοδρα (4)
3. ἀνασχε (4)
4. ἐκεινους πολεως πυνθανῃ (4,7,4)
5. ἐπειδαν (4)
7. ᾐσθετο (4)
8. συγχωρουσι (4)
11. ζᾳς (2)
12. αὐτης (2)
16. ὑπηρετης (7)
17. τινα οὐδαμως νεανιαν (7)
19. μεταξυ ὀκτω και δεκα (5)
20. ἐξερχεσθε (5)
21. ἐπυθου (5)
22. οὐκ ὀλιγα (5)
27. Διος (4)
28. σαφη (4)
29. ἐαν (2)
30. τους σου (4)
31. λιαν (4)
32. και (2)
33. γενομενον (4)
34. ποσων (4)

Solutions

1   Greek to English crossword

```
    H   W   A       T   H   I   S
W   E   H   E   A   R   D       U       T
    C       S       E       I   N   T   O
W   A   S   E   A   T   I   N   G       P
    L       N       H               I
A   L   L   T   H   E   W   O   R   S   T
    S               Y       V       P
T       T   H   E   N   W   E   M   E   T
H   E   R   E       E       R       A
U       U       S   A   Y   M   U   C   H
S   E   E   N       R       E       E
```

2   English to Greek crossword

```
    Β       Π       Α       Β       Κ
Α   Λ   Λ   Α   Ε   Φ   Ρ   Α   Σ   Α   Σ
    Ε       Ρ       Α       Λ       Τ
Ι   Π   Π   Ε       Ι       Ε   Ι   Η   Ν
    Ε       Χ       Ρ               Γ
Π   Α   Ρ   Ε   Χ   Ο   Μ   Ε   Ν   Ο   Σ
    Ν           Υ       Τ           Ρ
Ο   Δ   Ο   Ν       Ν   Α   Υ   Τ   Ο   Υ
    Ρ       Ε       Τ       Χ       Υ
Κ   Α   Λ   Α   Κ   Α   Λ   Ο   Υ   Σ   Ι
    Σ       Σ       Ι       Ν       Ι
```

3   Greek to Greek crossword

```
    Μ       Λ       Ω       Μ       Τ
Π   Ε   Π   Ε   Ι   Σ   Μ   Ε   Ν   Ο   Σ
    Γ       Γ       Π       Ν       Υ
Μ   Α   Θ   Ω       Ε       Ε   Ι   Τ   Α
    Λ           Ο   Ρ   Α           Ο
Δ   Ω   Ρ   Ο   Υ       Π   Ρ   Ω   Τ   Α
    Ν           Δ   Υ   Ο           Ο
Ο   Θ   Ε   Ν       Μ       Ο   Π   Ε   Ρ
    Ε       Α       Ε       Π       Π
Κ   Ω   Λ   Υ   Ε   Ι   Σ   Λ   Α   Ο   Ν
    Ν       Σ       Σ       Α       Σ
```

4   Homeric epithets

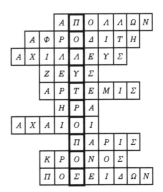

The answer: *ΠΟΛΥΤΡΟΠΟΣ*
(This famous epithet is applied to Odysseus at the beginning of Homer's Odyssey.)

5   Tragic characters wordsearch

```
Α   Β   Φ   Σ   Υ   Ο   Π   Ι   Δ   Ι   Ο   Ξ
Ρ   Ι   Π   Π   Ο   Λ   Υ   Τ   Ο   Σ   Ω   Ι
Τ   Ι   Ο   Δ   Υ   Σ   Σ   Ε   Υ   Σ   Η   Ο
Σ   Τ   Ε   Ι   Ρ   Ε   Σ   Ι   Α   Σ   Ν   Κ
Η   Λ   Ε   Κ   Τ   Ρ   Α   Γ   Ε   Η   Ο   Α
Ν   Ο   Α   Σ   Ρ   Β   Ω   Χ   Ω   Υ   Γ   Σ
Μ   Ρ   Α   Μ   Η   Δ   Ε   Ι   Α   Θ   Ι   Τ
Ι   Ε   Ι   Α   Δ   Ρ   Ε   Σ   Τ   Γ   Τ   Η
Α   Σ   Α   Γ   Α   Μ   Ε   Μ   Ν   Ω   Ν   Η
Τ   Τ   Σ   Ε   Ω   Ξ   Ε   Η   Τ   Υ   Α   Ν
Υ   Η   Φ   Σ   Α   Χ   Τ   Ν   Ι   Ε   Γ   Φ
Λ   Σ   Ρ   Ε   Δ   Σ   Υ   Η   Θ   Ρ   Φ   Ω
Κ   Ρ   Ε   Ω   Ν   Τ   Ν   Ε   Α   Φ   Ε   Ψ
Ο   Φ   Ι   Λ   Ο   Κ   Τ   Η   Τ   Η   Σ   Χ
```

6 Sudoku

Α	Γ	Ι	Β	Η	Θ	Ε	Δ	Ζ
Δ	Ε	Β	Α	Ι	Ζ	Θ	Η	Γ
Θ	Η	Ζ	Γ	Ε	Δ	Ι	Β	Α
Β	Ζ	Ε	Θ	Δ	Η	Α	Γ	Ι
Η	Α	Δ	Ε	Γ	Ι	Β	Ζ	Θ
Γ	Ι	Θ	Ζ	Β	Α	Δ	Ε	Η
Ι	Δ	Α	Η	Ζ	Β	Γ	Θ	Ε
Ζ	Θ	Γ	Δ	Α	Ε	Η	Ι	Β
Ε	Β	Η	Ι	Θ	Γ	Ζ	Α	Δ

9 Greek to English crossword

7 It will be nothing

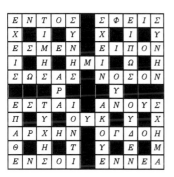

10 English to Greek crossword

8 The Persian wars

The answer: DARIUS

11 Greek to Greek crossword

Π	Ο	Λ	Ι	Ν	■	Ε	Δ	Ο	Ξ	Ε
Υ	■	Α	■	Ο	Υ	Κ	■	Ρ	■	Π
Λ	Ι	Θ	Ο	Σ	■	Α	Ν	Ε	Μ	Ω
Α	■	Ω	■	Ο	Τ	Ι	■	Σ	■	Τ
Σ	Υ	Ν	Ε	Ι	■	Ε	Τ	Ι	Μ	Ω
■	Π	■	Γ	■	■	■	Ι	■	Ο	■
Τ	Ο	Π	Ω	Ν	■	Α	Σ	Π	Ι	Σ
Ω	■	Λ	■	Ο	Υ	Δ	■	Ο	■	Ω
Ν	Α	Ο	Υ	Σ	■	Ι	Δ	Ι	Ο	Σ
Δ	■	Υ	■	Ο	Υ	Κ	■	Ε	■	Ε
Ε	Ι	Σ	Ι	Ν	■	Η	Λ	Ι	Ο	Ι

12   For the winner

M	E	Λ	Λ	O	N	T	Ω	N
A				M				I
N		A	K	O	Y	E		K
Θ		Δ		Λ		Ω		H
A	Δ	I	K	O	Y	Σ	A	Σ
N		K		Γ		I		A
E		A	Γ	E	I	N		N
I				I				T
N	O	M	I	Σ	A	N	T	I

13   Warriors of the Trojan War

			A	I	A	Σ		
		E	K	T	Ω	P		
		Π	A	P	I	Σ		
A	Γ	A	M	E	M	N	Ω	N
	A	X	I	Λ	Λ	E	Y	Σ
		O	Δ	Y	Σ	Σ	E	Y	Σ
M	E	N	E	Λ	A	Y	Σ	
		Π	P	I	A	M	O	Σ

The answer: **ΑΤΡΕΙΔΑΙ**
(The brothers Agamemnon and Menelaus were the sons of Atreus.)

14   Greek to English crossword

	E		I		F		F	L	E	D
P	A	S	S	I	O	N		O		A
	R		A		R		A	R	M	Y
O	L	D	M	Y	T	H		D		S
	I		A		U				F	
B	E	I	N	G	N	E	W	N	O	W
	R				A		E		R	
S		E		S	T	O	P	P	E	D
L	I	V	E		E		O		I	
O		E		A	L	L	U	R	G	E
W	O	R	D		Y		R		N	

15   English to Greek crossword

	A		Γ		E		M	A	Θ	Ω
A	N	Θ	P	Ω	Π	Ω		N		T
	E		A		O		Π	E	Σ	Ω
Δ	I	A	Φ	O	P	A		Y		N
	Λ		Ω		E				E	
T	E	M	N	O	Y	O	Y	T	Ω	Σ
	Σ				Σ'		Π		Σ	
Λ		E		K	A	Λ	A	A	E	I
A	Y	T	H		N		P		I	
B		O		E	T	A	X	Θ	H	N
E	I	Σ	I		O		Ω		N	

16   Greek to Greek crossword

	Π		E		A		B		H
Π	P	Ω	T	O	I	Σ	E	Σ	T	I
	A		I		Σ		B		E
E	Γ	Ω		E	Θ	E	Λ	E	T	E
	M		E		A		H		E
Λ	A	O	N	E	N	I	K	A	T	E
	A		A		O		A		A
E	Ξ	H	N	E	N	I		Δ	P	A
	I		T		T		Δ		T
N	O	M	I	Σ	A	I	E	M	O	N
	N		A		I		I		I

17   Take it steady

M	H	Δ	E	N		A	Γ	A	N

(The advice is, nothing to excess.)

Greek to English crossword

	T	A		S		P		S		C		
Y	O	U	S	H	O	U	L	D	H	E	A	R
	T		F		R		A		I		M	
T	H	R	E	A	T		C	L	E	V	E	R
	E		A		S	E	E		L		I	
E	V	E	R	Y		N		I	D	E	N	Y
	I		E	V	E	N	T			T		
A	L	L	I	S		M		S	H	O	O	T
	L		D		E	Y	E		E		F	
I	A	V	A	I	L		A	S	G	O	O	D
	G		N		O		R		E		R	
I	E	S	C	A	P	E	N	O	T	I	C	E
	S		E		E		S		S		E	

19

English to Greek crossword

	Α		Ε		Θ	Ε	Ω		Ο		Κ	
Π	Ρ	Ω	Τ	Ο	Υ		Κ	Ε	Ι	Ν	Ο	Ν
	Ι		Ε		Ε	Π	Η		Ο		Μ	
Ε	Σ	Ο	Μ	Α	Ι		Σ	Η	Μ	Ε	Ι	Α
	Τ		Ν		Ν	Ε	Α		Α		Ζ	
Π	Α	Υ	Ε	Ι		Ι		Ε	Ι	Δ	Ω	Σ
Α		Π		Ν	Υ	Κ	Τ	Α		Ι		Ο
Σ	Τ	Ο	Μ	Α		Ο		Σ	Φ	Ι	Σ	Ι
Ι		Υ		Ε	Σ	Η		Α		Τ		
Η	Μ	Ε	Ρ	Α	Σ		Λ	Ε	Ι	Ψ	Ε	Ι
Ε		Ι		Ω	Ρ	Α		Ν		Ν		
Α	Γ	Ρ	Ο	Υ	Σ		Σ	Θ	Ε	Ν	Ο	Σ
	Α		Ι		Α	Ν	Α		Ι		Ν	

Greek to Greek crossword

	Π		Α		Ε		Ι		Σ		Λ	
Τ	Ο	Ο	Ν		Σ	Ο	Σ		Ε	Δ	Ε	Ι
	Λ		Ε		Ο		Α		Λ		Γ	
Π	Ε	Π	Λ	Ο	Ι		Σ	Χ	Η	Σ	Ω	Ν
	Μ		Ω		Ο	Τ	Ι		Ν			
Γ	Ι	Γ	Ν	Η		Ε		Ο	Η	Δ	Υ	Σ
	Ο			Δ	Ι	Κ	Η	Σ			Π	
Η	Σ	Ι	Γ	Η		Ν		Α	Ξ	Ι	Α	Σ
		Ε		Π	Α	Σ		Η		Α		Ρ
Π	Ρ	Α	Γ	Μ	Α		Π	Α	Ρ	Ε	Χ	Ω
	Η		Ο		Ν		Α		Ο		Ε	
Ε	Μ	Ο	Ν		Τ	Ι	Σ		Υ	Μ	Ι	Ν
	Α		Α		Α		Ι		Σ		Ν	

21

Comic characters wordsearch

Ξ	Α	Ν	Θ	Ι	Α	Σ	Σ	Δ	Η	Φ	Γ
Φ	Γ	Α	Γ	Α	Θ	Ω	Ν	Ι	Τ	Φ	Ω
Ε	Δ	Δ	Υ	Ο	Ν	Ι	Σ	Ο	Α	Ι	Π
Ι	Ε	Ι	Μ	Σ	Τ	Η	Ω	Ν	Ρ	Λ	Ι
Δ	Ξ	Κ	Υ	Ψ	Ξ	Μ	Κ	Υ	Τ	Ο	Σ
Ι	Χ	Α	Ρ	Ω	Ν	Τ	Ρ	Σ	Σ	Κ	Θ
Π	Β	Ι	Ρ	Φ	Μ	Φ	Α	Ο	Ι	Λ	Ε
Π	Ν	Ο	Ι	Α	Π	Ρ	Τ	Σ	Σ	Ε	Τ
Ι	Μ	Π	Ν	Ε	Ι	Η	Η	Ε	Υ	Ω	Α
Δ	Ε	Ο	Η	Λ	Θ	Ν	Σ	Π	Λ	Ν	Ι
Η	Η	Λ	Α	Μ	Α	Χ	Ο	Σ	Δ	Τ	Ρ
Σ	Η	Ι	Σ	Ο	Ι	Α	Γ	Υ	Ρ	Τ	Ο
Λ	Λ	Σ	Τ	Ρ	Ε	Ψ	Ι	Α	Δ	Η	Σ
Α	Γ	Ο	Ρ	Α	Κ	Ρ	Ι	Τ	Ο	Σ	Π

Athenian statesmen

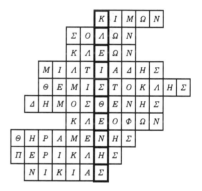

The answer: **ΚΛΕΙΣΘΕΝΗΣ**
(Cleisthenes was the founder of the democratic system in Attica.)

23 It seemed a pleasure

```
I N A ■ Π ■ B Λ E Π H
Σ ■ I ■ O P A ■ Δ ■ Δ
A Y T O Σ ■ Λ Y O I O
■ E ■ O ■ O ■ Ξ ■ N
A Φ I K N O Y M E N H
■ Y ■ A ■ Y ■ E ■ E
T Ω N N I K Ω N T Ω N
Y ■ E ■ Δ ■ K ■ I ■
X P O N E ■ E Σ M E N
H ■ Y ■ I Φ I ■ H ■ Y
Σ Ω Σ O N ■ A ■ Σ Y N
```

24 It happened

```
E Γ E N E T O ■ E I H
N H ■ ■ K ■ ■ M ■ K
T ■ Δ I Δ A Σ K E T E
O ■ Y ■ E ■ Y ■ I ■ I
Σ Y N E X O M E N ■ Σ
■ ■ A ■ O ■ M ■ A ■
E ■ Σ Y M Π E I Σ E I
X ■ T ■ A ■ N ■ Θ ■ Δ
E Ξ E Λ I Π E T E ■ E
T ■ I ■ ■ I ■ ■ Σ A
E N A ■ Π O N H Θ E N
```

25 Greek to English crossword

```
■ S ■ W ■ M ■ I ■ O ■ G ■ G
A T H E N I A N A F F A I R S
■ I ■ S ■ S ■ T ■ W ■ I ■ E
A L T H O U G H W H E N ■ W E
■ L ■ O ■ S ■ E ■ A ■ S O ■
I N J U R E ■ P A T H ■ U S E
■ O ■ T ■ O ■ R ■ ■ A I R ■
I T S ■ E F F E C T S ■ S O N
■ ■ T E N ■ ■ S ■ O ■ I ■ U
T O O ■ D O N E ■ B E F O R E
■ P I ■ R ■ N ■ E ■ I ■ D ■
I S ■ N O I T C O U L D N O T
■ L ■ A ■ G ■ E ■ S ■ A ■ O
C O U N C I L O F E L D E R S
■ W ■ E ■ N ■ F ■ D ■ D ■ S
```

26 English to Greek crossword

```
■ K ■ Σ ■ A ■ Σ ■ Π ■ A ■ T
Λ A B Ω M E N T O N A Λ Λ O N
■ T ■ M ■ I ■ P ■ E ■ Λ ■ N
Γ A Λ A ■ B P A Δ Y ■ A M Φ I
■ Λ ■ ■ I ■ T ■ M ■ ■ I ■
K A P Δ I A ■ O ■ A Π E I Λ H
■ M ■ H ■ ■ I N A ■ ■ Φ ■ O
E B A Λ Λ E Σ ■ N I K H E N I
■ A ■ O ■ ■ A M A ■ ■ N ■ T
A N T I O Σ ■ E ■ E K A T O N
■ O ■ ■ Π ■ Γ ■ M ■ ■ N ■
E N O Σ ■ E Π A Θ E ■ T O Y Σ
■ T ■ Ω ■ P ■ Λ ■ I ■ I ■ M
T Ω N Σ Y M B A I N O N T Ω N
■ N ■ Ω ■ A ■ I ■ A ■ I ■ N
```

27 Greek to Greek crossword

```
E I M I ■ Λ ■ E ■ Δ ■ Λ E Γ E
I ■ E ■ B A Λ Λ E I N ■ M ■ I
Π I N Ω ■ B ■ A ■ O ■ T O Y Σ
E ■ E N ■ E M B A Σ ■ E I ■ I
■ A ■ ■ ■ ■ O ■ ■ ■ ■ ■ ■ X
A Λ Λ A ■ T O N Δ E ■ Δ P A N
■ H ■ Λ ■ P ■ T ■ Λ ■ O ■ P
E Θ E Λ E I M A N Θ A N E I N
■ E ■ Ω ■ Σ ■ X ■ Ω ■ T ■ T
B I O N ■ I E P O N ■ I Σ O Y
■ A ■ ■ ■ ■ H ■ ■ ■ ■ ■ ■ Σ
K ■ Σ E ■ Θ Y M O Σ ■ Δ H ■ Δ
A N E Y ■ E ■ A ■ O ■ E Σ T E
Λ ■ B ■ Θ A Π T E I N ■ A ■ K
H M Ω N ■ N ■ A ■ Σ ■ E N Θ A
```

28 In order

```
■ A ■ K ■ I ■ T ■ I ■ Σ
A Λ Λ O Y Σ T P O Π O Y Σ
■ Λ ■ M ■ A ■ E ■ Π ■ M
Δ O Λ I O Σ ■ Π P E Σ B Y
■ T ■ Z ■ I T E ■ Y ■ A
M O N H N ■ A ■ E Σ T I N
■ Π ■ ■ H P Ξ E N ■ ■ N
Δ O K E I ■ E ■ A P X O N
■ I ■ M ■ T I Σ ■ A ■ M
M H Δ E N A ■ A N Δ P E Σ
■ Θ ■ I ■ Ξ ■ M ■ I ■ N
N E Ω N Φ I Λ O Σ O Φ Ω N
■ N ■ A ■ Σ ■ Σ ■ N ■ N
```

29 Out of the wood

Π	Λ	Η	Ν		Π	Ο	Υ	Σ
Α			Ε					Φ
Θ		Κ	Α	Λ	Α	Ι		Α
Η		Ρ		Η		Ε	Σ	
	Σ	Υ	Μ	Φ	Ο	Ρ	Α	
Δ		Ψ		Θ		Ο		Α
Ο		Ω	Ν	Η	Ε	Σ		Λ
Ρ			Ν					Λ
Υ	Λ	Η	Σ		Τ	Ρ	Ι	Α

30 Greek to English crossword

	U		P		C	O	W		G		S	
S	P	E	E	C	H		O	R	I	G	I	N
	O		R		I	A	M		V		X	
A	N	I	M	A	L		A	V	E	R	S	E
	M		I		D	I	N		U		E	
M	E	E	T	S		B		A	P	A	T	H
E		Y		E	Q	U	A	L		R		I
T	H	E	R	E		R		L	A	M	P	S
	E		E		O	N	E		T		I	
D	A	N	G	E	R		N	O	L	U	C	K
	V		A		D	I	E		A		K	
H	E	A	R	M	E		M	A	S	T	E	R
	N		D		R	A	Y		T		D	

31 English to Greek crossword

	Η		Ε		Ν		Ε		Α		Τ	
Α	Μ	Φ	Ι		Α	Ε	Ι		Π	Ε	Ι	Ν
	Ε		Π	Ο	Υ		Η	Δ	Η		Μ	
Α	Ρ	Χ	Ε		Σ	Α	Σ		Σ	Φ	Ω	Ν
Α			Ε		Δ		Ζ				Σ	
Φ	Ι	Λ	Ο	Ν		Ι		Η	Κ	Ε	Ι	Σ
	Υ			Ν	Ι	Κ	Η	Σ			Ν	
Β	Λ	Ε	Π	Ε		Ο		Α	Ξ	Ι	Ο	Ι
Η			Α		Ι		Ι				Ι	
Σ	Φ	Α	Σ		Ο	Σ	Α		Α	Γ	Ε	Ι
	Θ		Ω	Σ	Ι		Γ	Η	Σ		Τ	
Δ	Ε	Ι	Σ		Δ	Ι	Α		Τ	Λ	Α	Σ
	Ν		Ω		Α		Ν		Υ		Ι	

32 Greek to Greek crossword

	Β		Β		Ε	Χ	Ε		Π		Α	
Ξ	Ι	Φ	Ο	Υ	Σ		Τ	Ε	Λ	Ο	Υ	Σ
	Β		Η		Ω	Τ	Α		Η		Τ	
Α	Λ	Η	Θ	Η	Σ		Ξ	Η	Ρ	Ο	Ι	Σ
	Ο		Ε		Α	Γ	Ε		Η		Κ	
Ο	Σ	Ο	Ι	Σ		Ε		Ε	Σ	Τ	Α	Ι
Τ		Δ		Υ	Π	Ν	Ο	Σ		Ι		Τ
Ι	Δ	Ε	Ι	Ν		Ο		Η	Ω	Σ	Τ	Ε
	Α		Κ		Ι	Σ	Α		Φ		Λ	
Ε	Κ	Μ	Α	Θ	Ε		Γ	Ε	Ι	Τ	Ω	Ν
	Π		Ν		Ν	Υ	Ν		Λ		Ν	
Σ	Υ	Ν	Ο	Ρ	Α		Ο	Δ	Ο	Ν	Τ	Ι
	Ε		Ν		Ι	Η	Σ		Ι		Ι	

33 Sudoku

Θ	Ι	Ζ	Α	Β	Δ	Η	Ε	Γ
Ε	Δ	Γ	Η	Ι	Θ	Β	Ζ	Α
Β	Η	Α	Ζ	Γ	Ε	Δ	Θ	Ι
Ζ	Θ	Δ	Ι	Ε	Η	Γ	Α	Β
Η	Γ	Ε	Β	Δ	Α	Ζ	Ι	Θ
Α	Β	Ι	Θ	Ζ	Γ	Ε	Η	Δ
Ι	Ε	Θ	Δ	Η	Β	Α	Γ	Ζ
Γ	Α	Β	Ε	Θ	Ζ	Ι	Δ	Η
Δ	Ζ	Η	Γ	Α	Ι	Θ	Β	Ε

34 Spartans

		L	E	O	N	I	D	A	S	
G	Y	L	I	P	P	U	S			
	A	R	C	H	I	D	A	M	U	S
	G	E	R	O	U	S	I	A		
		B	R	A	S	I	D	A	S	
	L	Y	S	A	N	D	E	R		
H	E	L	O	T	S					
M	E	N	E	L	A	U	S			

The answer: EPHORATE
(This was a group of elders, elected to help govern the Spartan state.)

63

35   It's for turning

	Π	A	K		A	N		Δ
B	Λ	A	Π	T	E	I	N	░	Δ H
	O		O		Λ		A Y		Λ

(grid – Greek letters)

░	Π	A	K	░	A	N	░	Δ
B	Λ	A	Π	T	E	I	N	░ Δ H
░	O	░	O	░	Λ	░ A Y	░	Λ
O	Y	N	░	Π E P	░	T Ω
░	Σ	░	E	░ Y	░	M	░ P
Γ	I	Γ	N	Ω	Σ	K	O	M	E N
░	O	░	I	░ A	░	I	░ Π
Ω	Σ	░	I	N A	░	Δ E I
M	░	Σ A	T	░	░ T
E	I	░	E	Θ	E	Λ	H	Σ A I
N	░	T I	░	Σ	░	N	░ I

36   Greek to English crossword

░	A	░	S	░	I	░	V	░	O	░	I
A	L	R	E	A	D	Y	I	N	F	A	C	T
░	L	░	C	░	E	░	R	░	T	░	A
I	T	░	O	░	N	O	T	░	H	░	N	O
H	░	N	░	Y	░	U	░	E	░	I
W	E	A	D	V	I	S	E	D	M	A	N	Y
░	C	░	░	R	░	S	░	░	V
F	O	R	T	H	E	B	R	O	T	H	E	R
R	░	O	░	P	░	E	░	O	░	N
U	P	░	O	N	L	Y	M	A	N	░	T	O
S	░	F	░	I	░	A	░	O	░	O
W	E	W	E	R	E	S	I	T	T	I	N	G
░	S	░	W	░	D	░	N	░	E	░	E

37   English to Greek crossword

░	E	░	E	░	T	░	T	░	E	░	E
O	Σ	O	N	Π	E	P	I	E	B	A	Λ	E
░	M	░	A	░	M	░	M	░	Δ	░	I
Γ	E	I	T	Ω	N	░	H	K	O	Y	Σ	A
░	N	░	O	░	E	I	Σ	░	M	░	Σ
E	Π	E	Σ	E	░	Δ	░	Δ	Ω	Σ	E	I
░	O	░	░	X	E	I	P	I	░	░	T
E	Λ	E	Ξ	E	░	O	░	A	Λ	Λ	O	Σ
░	E	░	E	░	A	N	A	░	H	░	Φ
E	M	E	N	E	Σ	░	Σ	O	Φ	O	Y	Σ
░	I	░	O	░	T	░	T	░	Θ	░	Γ
Π	O	Λ	I	Σ	E	Π	O	M	E	N	Ω	N
░	I	░	Σ	░	I	░	Σ	░	N	░	N

38   Greek to Greek crossword

░	E	░	E	░	O	░	O	░	K	░	E
Γ	N	Ω	M	A	I	A	Π	T	O	Y	Σ	I
░	E	░	E	░	Δ	░	O	░	Λ	░	O
Π	Y	P	I	░	A	Λ	Λ	░	Π	P	I	N
░	Σ	░	N	░	T	░	E	░	O	░	T
Λ	A	K	E	Δ	A	I	M	O	N	I	O	I
░	T	░	░	Σ	░	I	░	░	M
Λ	E	Λ	Y	M	E	N	O	Σ	E	I	H	N
░	Θ	░	Π	░	X	░	Σ	░	Θ	░	Δ
Ξ	E	N	E	░	Θ	Y	E	░	N	H	E	Σ
░	O	░	X	░	P	░	I	░	O	░	M
E	I	T	E	Π	A	I	Δ	E	Y	E	I	N
░	Σ	░	I	░	Σ	░	E	░	Σ	░	A

39   Who said what

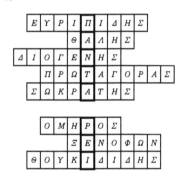

EYPIΠIΔHΣ
ΘAΛHΣ
ΔIOΓENHΣ
ΠPΩTAΓOPAΣ
ΣΩKPATHΣ

OMHPOΣ
ΞENOΦΩN
ΘOYKIΔIΔHΣ

The answer: Ἡράκλειτος
(The words formed going down are πάντα ῥεῖ.
This was said by the philospher Heraclitus,
written in Greek as Ἡράκλειτος)

40   Greek to English crossword

G	A	M	E	S	░	S	H	E	I	S
I	T	░	H	░	E	░	░	N	O
V	░	P	R	E	V	E	N	T	░	U
E	░	U	░	D	░	S	░	O	░	N
N	O	T	H	I	N	G	G	O	O	D
░	T	░	D	░	E	░	K	░
B	R	I	N	G	I	N	G	O	U	T
R	░	N	░	O	░	E	░	U	░	H
I	░	G	O	F	I	R	S	T	░	E
D	O	░	░	O	░	A	░	I	F
E	N	T	E	R	░	L	E	A	S	T

█	Σ	█	█	Γ	█	E	█	█	Π	█
I	K	A	N	H	█	K	Ω	M	A	I
█	O	█	O	█	T	█	Σ	█	Λ	█
█	Π	E	M	Π	O	N	T	A	I	█
E	Ω	█	I	█	Y	█	E	█	N	H
█	█	E	Z	H	T	H	Σ	E	█	█
E	Π	█	E	█	O	█	I	█	A	Y
█	A	I	T	E	I	Σ	Γ	A	P	█
█	T	█	A	█	Σ	█	A	█	E	█
T	P	E	I	Σ	█	E	N	A	T	H
█	I	█	█	E	█	I	█	█	H	█

█	O	█	Γ	█	E	█	Σ	█	Π	█
A	M	A	P	T	A	N	O	M	E	N
█	O	█	A	█	N	█	Φ	█	Π	█
B	Λ	E	Ψ	Ω	█	O	I	M	E	N
█	O	█	Ω	Σ	Δ	I	A	█	I	█
A	Γ	E	█	Π	█	K	█	I	Σ	A
█	E	█	B	A	P	E	I	█	M	█
Λ	I	Θ	O	Σ	█	I	Σ	M	E	N
█	T	█	H	█	I	█	H	█	N	█
M	A	N	Θ	A	N	O	N	T	A	I
█	I	█	Ω	█	A	█	Y	█	I	█

█	E	█	Π	A	N	T	A	█	E	█
E	Λ	Y	E	N	█	A	Π	A	Σ	A
█	A	█	N	█	█	O	█	T	█	
E	B	H	T	E	█	Θ	Y	P	A	N
T	E	█	E	Y	P	Y	Σ	█	I	Ω
I	█	█	Θ	█	M	█	█	█	T	
M	E	█	K	Y	N	O	Σ	█	Π	Ω
A	Λ	Λ	A	Σ	█	Σ	I	T	O	N
█	Θ	█	Λ	█	█	T	█	Σ	█	
Φ	Ω	N	H	N	█	T	O	Π	O	I
█	N	█	N	H	Σ	O	Σ	█	N	█

		B	P	A	Σ	I	Δ	A	Σ	
Π	E	P	I	K	Λ	H	Σ			
				K	Y	P	O	Σ		
	A	M	Φ	I	Π	O	Λ	I	Σ	
Φ	A	P	N	A	B	A	Z	O	Σ	
	N	I	K	I	A	Σ				
	Θ	H	P	A	M	E	N	H	Σ	
Θ	O	Y	K	Y	Δ	I	Δ	H	Σ	
Σ	Φ	A	K	T	H	P	I	A		
	T	I	Σ	Σ	A	Φ	E	P	N	H	Σ

The answer: ΑΛΚΙΒΙΑΔΗΣ

█	A	█	B	█	H	█	B	█	T	█	G	█
A	R	E	Y	O	U	A	L	L	H	E	R	E
█	O	█	M	█	R	█	O	█	A	█	E	█
R	U	L	E	█	T	O	O	█	N	E	A	R
█	N	█	█	I	S	█	D	█	█	T	█	
A	D	O	R	N	█	F	█	T	H	O	S	E
█	T	█	U	█	B	O	Y	█	I	█	T	█
T	H	I	N	K	█	R	█	S	T	O	R	M
█	E	█	█	C	█	T	O	█	█	U	█	
U	S	E	S	█	A	R	E	█	H	I	G	H
█	H	█	E	█	U	█	A	█	E	█	G	█
R	I	D	E	R	S	A	R	E	A	B	L	E
█	P	█	N	█	E	█	S	█	D	█	E	█

█	H	█	K	█	Δ	█	T	█	A	█	A	█
H	T	O	Y	A	I	Δ	O	Y	Γ	Y	N	H
█	P	█	Ω	█	A	█	N	█	E	█	H	█
B	I	A	N	█	Φ	Ω	Σ	█	I	E	P	E
█	T	█	█	█	Θ	█	I	█	█	T	█	
Δ	H	Λ	O	N	E	Y	T	Y	X	E	I	N
█	Θ	█	Σ	█	I	█	O	█	H	█	Σ	█
A	Y	T	A	Δ	P	A	N	E	Σ	T	A	I
█	Γ	█	█	O	█	Σ	█	█	Θ	█		
T	A	Ξ	Ω	█	N	H	I	█	Π	Λ	H	N
█	T	█	M	█	T	█	Ω	█	O	█	N	█
T	H	Σ	E	K	E	I	Π	O	Λ	E	Ω	Σ
█	P	█	N	█	Σ	█	A	█	Y	█	N	█

47 Greek to Greek crossword

	E	O	Δ	Σ	E	T	
Α	Π	Ο	Θ	Ν	Η	Σ	Κ	Ο	Ν	Τ	Ο	Σ

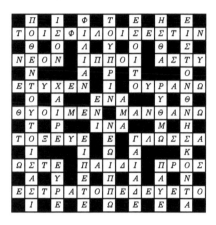

49 English to Greek crossword

48 Greek to English crossword

50 Greek to Greek crossword

ALSO AVAILABLE - IMPERIUM LATIN COURSE

The Imperium Latin course has been written for the twenty-first century; unique, highly resourced and written to make fullest use of modern technology. Its texts follow the life of the Emperor Hadrian, from his early childhood to his later years, as he became the most powerful man in the Roman world.

Imperium was released for general use in 2013, after a trialling period of six years. It consists of three course books, a Grammar and Syntax book, a puzzle book and the Imperium Latin Unseens collection for advanced users. All of these texts can be ordered through Amazon but are also available as pdf files in our Site Support Packs, which can be bought by schools. The three course books are also available as free of charge downloadable pdf files, from the TES Resources website.

For further details, see www.imperiumlatin.com

PUZZLE BOOKS FROM J-PROGS

These collections are aimed at those who want to have some fun with the languages they know and love. All of these books feature solutions at the back, for those who get stuck.

Easy Greek Puzzles is a collection of 50 brainteasers, assembled from two short lists of words commonly used in a variety of courses. It uses all five cases of noun, adjective and pronoun systems, as well as the active indicative verb endings from the present, imperfect, aorist and future tenses. As such, it is appropriate for use by those who have studied the language for around one year or longer. It features sudokus, word searches, Greek to English crosswords and English to Greek ones.

Easy Latin Puzzles was written after compiling three lists of words commonly used in a variety of Latin courses. It makes very limited use of word endings and includes a variety of challenges, including sudokus, word searches, Latin to English crosswords and English to Latin ones. The book features the full word lists at the back.

Tricky Latin Puzzles was written for students learning Latin today or for those to whom the good old days beckon. These 50 crossword puzzles, sudokus, wordsearches and other brainteasers should bring plenty of fun. It is aimed at those who have studied the language for two or three years at least.

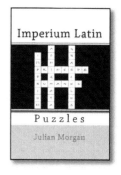

Imperium Latin Puzzles was written for those who follow the Imperium Latin Course but could certainly be used by students of other courses. It contains 60 puzzles and features sudokus, word searches, Latin to English crosswords and English to Latin ones.

For details on how to get your copies, see www.j-progs.com

ABOUT THE AUTHOR

Julian Morgan served as a teacher and a Head of Classics for many years in the UK, before taking up a post in 2007 at the European School of Karlsruhe in Germany. Julian has devoted his entire career to finding new and original ways of teaching Latin and Greek.

Julian has written many educational software titles and books in the last 25 years, publishing many of these under the banner of his business, J-PROGS. He is well known in Classics teaching circles for his teacher training activities, not least in directing courses for the CIRCE Project, which has been part of the EU's Comenius programme since 2003. He has served twice as a Council member of the Joint Association of Classical Teachers and has also been a long-standing member on the Computing Applications Committee of the American Classical League.

He can often be found walking his dogs in the vineyards of Alsace, where he lives.

You can find out more on Julian's Author Page:
amazon.com/author/julianmorgan

Made in the USA
San Bernardino, CA
24 April 2016